Die Welt entdecken

Auf dem Fußballplatz

Ausrüstung, Regeln, Technik und Taktik

Der Ball

Rund
und bunt,
drall
und prall,
rollt der Ball
von Fall zu Fall
überall.

Ihn zu werfen mit Gefühl,
ihn zu fangen im Gewühl,
ihn zu kicken, vor, zurück,
und zu köpfen mit Geschick
verlangt Talent und manchmal Glück.

Beides kommt schon mit der Zeit.
Wirf erst mal hoch, kick erst mal weit
und schau ihm nach, wie schön er fliegt,
bis ihn die Schwerkraft doch besiegt
und er herunterfällt, der Ball,
von irgendwo im All.

Irmela Brender

Die Welt entdecken

Auf dem Fußballplatz

Ravensburger Buchverlag

In südlichen Ländern wie Brasilien spielen die Kinder oft am Strand Fußball.

Tore kann man leicht selbst bauen: aus Schuhen, Jacken oder einigen Taschen.

Im Winter wird meist in der Halle gespielt.

Fußball wird überall gespielt!

Fußball wird auf der ganzen Welt gespielt. Spaß macht das Kicken immer. Man braucht dafür ja auch nur einen Ball und ein paar Mitspieler. Spielen kann man fast überall: im Park oder Schulhof, auf der Spielstraße oder dem Bolzplatz. Aus Stöcken, Jacken oder Rucksäcken lässt sich schnell ein Tor bauen. In südlichen Ländern wird Fußball oft am Strand gespielt. Auch viele Mädchen und Frauen spielen gerne Fußball. Wenn es draußen kalt ist, kann man in der Sporthalle kicken. Fußball ist ein Sport für jede Jahreszeit.

Ein guter Torwart sollte möglichst oft üben. Vielleicht machen Papa oder Opa mit beim Torwarttraining?

Zu einer richtigen Mannschaft gehören auch Fans.

Fußball im Verein

Bei Turnieren gewinnen die Sieger einen Pokal.

Wer Fußball richtig lernen möchte, wird Mitglied in einem Fußballverein. Am besten fragt man vorher Freunde und Klassenkameraden. Vielleicht ist schon jemand im Verein?
Der nächste Schritt ist das Probetraining. Da merkt man schnell, ob Trainer und die anderen Spieler nett sind. In einer Mannschaft sind alle Spieler etwa gleich alt. Sie halten zusammen und bilden ein Team. Gemeinsam wird trainiert und zusammen spielt man gegen Mannschaften aus anderen Vereinen.

Der Ball muss ins Tor! Ein Stürmer schiebt sich am Verteidiger vorbei und schießt.

Training

Im Verein können Mädchen und Jungen ab etwa fünf Jahren spielen. Der Trainer übt regelmäßig mit den Spielern, damit sie fit für die Spiele am Wochenende sind.

Jeder Verein hat sein Wappen und seine Vereinsfarben.

Turniere

Es gibt Heimspiele auf dem Platz des eigenen Vereins und Auswärtsspiele. Oft sind die Eltern dabei. Besondere Höhepunkte sind die Turniere, bei denen mehrere Mannschaften gegeneinander antreten.

Vor und nach dem Spiel zieht sich die Mannschaft im Umkleideraum um. Alle Spieler tragen Trikots in den Vereinsfarben.

Bis zur D-Jugend spielen Mädchen und Jungen gemeinsam.

G-Jugend:	5–6 Jahre
F-Jugend:	6–8 Jahre
E-Jugend:	8–10 Jahre
D-Jugend:	10–12 Jahre
C-Jugend:	12–14 Jahre
B-Jugend:	14–16 Jahre
A-Jugend:	16–18 Jahre

Die Ausrüstung

Wer nur mit Freunden auf der Wiese kickt, braucht keine besondere Ausrüstung. Dafür reichen Turnschuhe und bequeme Kleidung. Im Fußballverein ist das anders: Jeder Spieler bekommt sein eigenes Trikot für die Spiele. Und für das Training braucht man einen passenden Trainingsanzug.

Fußballschuhe müssen gut passen. Sie haben Stollen, damit man nicht so leicht rutscht.

Beim Fußballspiel im Verein müssen alle Spieler richtig gekleidet sein. Schienbeinschoner sind Pflicht.

Schuh mit fest angebrachten Stollen (links) und mit abschraubbaren Stollen (rechts)

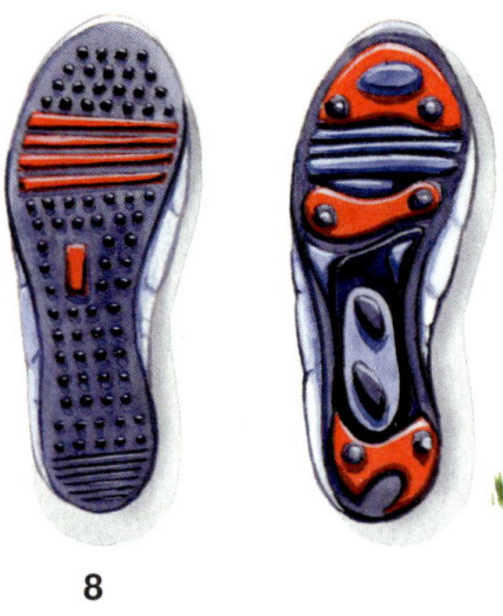

Der Fußball für Spieler bis zur E-Jugend ist kleiner und leichter als der für Erwachsene.

Die richtige Fußball-Kleidung

Die Trikots in der Vereinsfarbe haben Nummern auf dem Rücken. Je nach Wetter sind die Trikots kurz- oder langärmlig. Die Sporthose ist kurz. Bei Kälte zieht man eine Thermohose darunter. Schienbeinschoner schützen vor Verletzungen. Sie sind aus Gummi oder Plastik. Darüber trägt man Stutzen. Das sind Wadenstrümpfe. Und natürlich gehören richtig passende Fußballschuhe dazu.

Das Torwarttrikot hat meist lange Ärmel und gepolsterte Ellbogen.

Der Torwart trägt spezielle Torwarthandschuhe. Damit kann er den Ball besser greifen.

Auch der Torwart braucht Schienbeinschoner.

Man beginnt ein Training immer mit Aufwärmübungen.
Das ist wichtig, um die Muskeln zu lockern. So werden Verletzungen vermieden.

Im Training werden Schuss- und Stopptechniken geübt.
Dafür setzt der Trainer verschiedene Hilfsmittel wie zum Beispiel diese Dosen ein. Hier wird die Schusstechnik geübt.

Gezielte Torschüsse werden regelmäßig trainiert.
Dann sind die Spieler auch gut auf Strafstöße vorbereitet.

Übung macht den Meister!

Das gilt für alle Sportarten, auch für den Fußball. Daher ist es am besten, wenn jede Gelegenheit zum Kicken genutzt wird!

Training im Verein

Wer im Verein Fußball spielt, trainiert regelmäßig. Und nur wer zum Training kommt, darf beim Spiel mitmachen. In den ersten Jahren trainiert die Mannschaft meist einmal in der Woche am Nachmittag. Ältere Kinder haben zweimal in der Woche Training. Es werden unter anderem Standardsituationen trainiert. Das sind Situationen, die im Spiel immer wieder vorkommen, wie zum Beispiel Freistöße und Eckbälle.

Verhält sich ein Spieler unfair, gibt es einen Freistoß. Die Abwehrspieler bilden eine Mauer, um den Ball abzufangen.

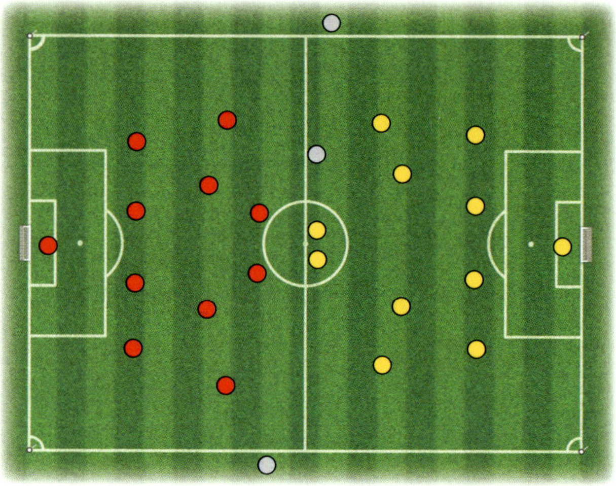

Der Anstoß erfolgt an einem markierten Punkt im Mittelkreis. Jede Mannschaft steht in ihrer Hälfte.

Wichtige Spielregeln

Vor Spielbeginn wirft der Schiedsrichter eine Münze. Die siegreiche Mannschaft wählt die Platzhälfte aus. Der Verlierer hat Anstoß. Mit dem Anpfiff beginnt das Spiel. In der zweiten Halbzeit werden die Seiten gewechselt. Jetzt hat die andere Mannschaft Anstoß.

Macht ein Spieler der verteidigenden Mannschaft ein Foul im eigenen Strafraum, kommt es zum Strafstoß (Elfmeter). Ein Spieler schießt vom Elfmeterpunkt aufs Tor. Kein Verteidiger darf ihn dabei stören.

Verschiedene Regeln

Der Schiedsrichter unterbricht das Spiel, wenn der Ball eine Tor- oder Seitenlinie überquert hat. Einwurf gibt es, wenn der Ball seitlich im Aus ist. Ein gegnerischer Spieler wirft ihn von dort ein. Rollt der Ball über die Torauslinie, gibt es zwei Möglichkeiten: Hat ein gegnerischer Spieler den Ball zuletzt berührt, gibt es Abstoß. Die eigene Mannschaft schießt den Ball ins Spielfeld. Lenkt ein Spieler der eigenen Mannschaft den Ball ins Aus, kommt es zum Eckball.

Tor!

Ein Tor gilt, wenn der Ball die Linie zwischen den Torstangen ganz überrollt hat. Die Mannschaft mit den meisten Toren gewinnt.

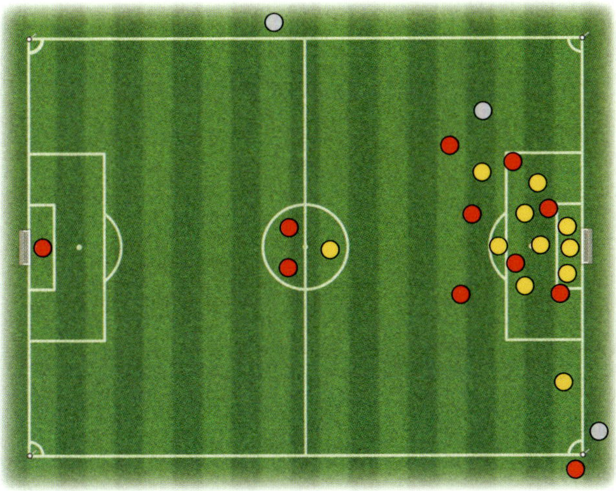

Eckball gibt es für die angreifende Mannschaft. Ein Spieler darf den Ball von der Ecke aus ins Spielfeld schießen.

Was ist nicht erlaubt?

Bei unsportlichem Verhalten oder einem Foul kann ein Spieler die gelbe Karte bekommen. In schweren Fällen gibt es die rote Karte und er muss vom Feld.

Für das Verhalten der Spieler auf dem Fußballfeld gibt es genaue Regeln. Bei einem Foul oder unsportlichem Verhalten gibt der Schiedsrichter Freistoß oder Strafstoß.
Ein Foul kann Treten oder Rempeln sein. Ein Torwart verhält sich zum Beispiel unsportlich, wenn er den Ball zu lange festhält.

Andere Regelverletzungen

Dazu zählt das Handspiel. So nennt man es, wenn ein Spieler den Ball mit der Hand oder dem Arm berührt. Nur der Torwart darf den

Dem Gegner ein Bein zu stellen zählt als Foul und wird bestraft.

Ball im Strafraum in die Hand nehmen. Es ist auch nicht erlaubt, einen anderen Spieler oder den Schiedsrichter zu beschimpfen.

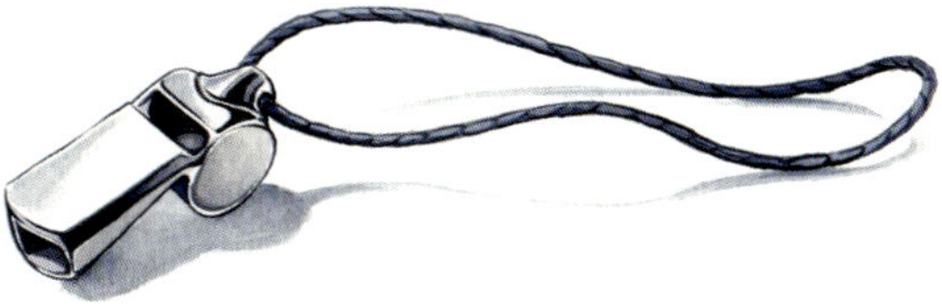

Jeder Schiedsrichter hat eine Trillerpfeife. Mit einem Pfiff eröffnet er das Spiel und jede Halbzeit. Beendet wird es mit einem Doppelpfiff.

Ebenso ist es verboten, während des Spiels das Trikot auszuziehen.

Schwalbe nennt man das Vortäuschen eines Fouls.

Für alle diese Vergehen kann es eine Verwarnung oder die gelbe Karte geben.

Der Schiedsrichter zeigt hier die gelbe Karte (1) und pfeift einen Freistoß (2). Er wird von zwei Schiedsrichter-Assistenten unterstützt. Sie laufen an den beiden Seitenlinien entlang. Mit der Fahne zeigen sie Regelverstöße und Ausbälle an. Hier zeigt die Fahne, dass ein Spieler ausgewechselt werden soll (3).

Wer hat welche Aufgaben?

In einer Mannschaft gibt es Stürmer, Mittelfeldspieler, Abwehrspieler und den Torwart.

Der Torwart kann den Ball fangen oder mit den Händen abwehren. Das heißt fausten.

Die einzelnen Aufgaben

Der Trainer entscheidet, welche Spieler er aufstellt. Sie haben verschiedene Aufgaben. Der Torwart bewacht das Tor. Die Stürmer schießen auf das gegnerische Tor. Es gibt Mittel- und Außenstürmer. Defensive Mittelfeldspieler helfen der Abwehr und offensive dem Sturm. Die Abwehr soll gegnerische Tore verhindern. Hier werden Innen- und Außenverteidiger eingesetzt. Pro Mannschaft sind höchstens 11 Spieler auf dem Platz, einer davon steht im Tor. Dazu kommen mehrere Auswechselspieler.

Der Kapitän

Ein Spieler ist der Spielführer. Er wird Kapitän genannt und trägt eine Armbinde. Während des Spiels ist er Ansprechpartner des Schiedsrichters.

Ein Abwehrspieler muss sich durchsetzen. Er darf keine Angst vor dem Gegner haben.

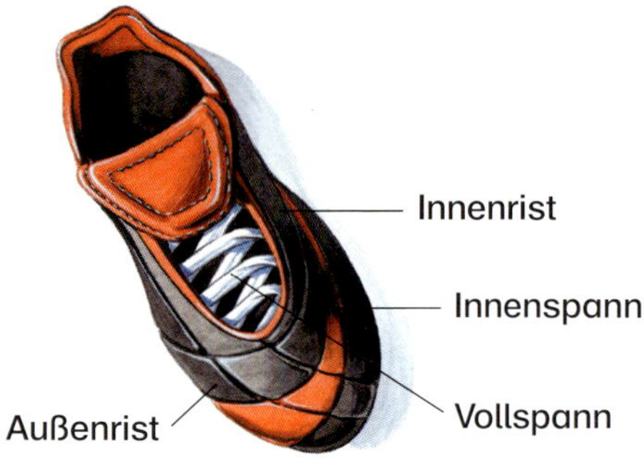

Wie man stoppt und schießt

Das Beherrschen des Balls ist beim Fußball enorm wichtig. Es gibt verschiedene Schusstechniken. Sie sind danach benannt, mit welchem Teil des Fußes man schießt. Die äußere Vorderseite des Fußes heißt Außenrist. Die Fußoberseite wird Vollspann genannt. Der innere Teil des Fußes nennt sich Innenspann und Innenrist. Vor dem Schießen muss der Ball meistens erst gestoppt werden. Auch dafür gibt es mehrere Möglichkeiten. Man kann den Ball aber auch direkt annehmen und schießen.

Bei flachen Pässen kann man den Ball gut mit dem Innenrist stoppen.

Oder man bringt den Ball mit der Fußsohle unter Kontrolle.

Hohe Bälle kann man mit der Brust stoppen.

Hohe Bälle kann man auch mit dem Oberschenkel annehmen.

Kurze Schüsse macht man am besten mit dem Innenrist, längere Pässe mit dem Innenspann.

Man kann den Ball auch mit dem Außenrist oder dem Vollspann stoßen. Prima bei direkten Torschüssen!

Volleyschuss nennt man die direkte Abnahme des Balls aus der Luft. Man trifft den Ball, bevor er den Boden berührt.

Oder man lässt den Ball zuerst auf dem Boden aufkommen und schießt dann. Das heißt Dropkick.

Raffiniert ist der Hackentrick. Dabei wird der Ball mit der Ferse nach hinten geschossen.

Dribbel-Training: Man läuft mit dem Ball Kurven und Kreise um Hütchen und achtet darauf, dass er nicht zu weit vor dem Fuß rollt.

Tackling: Der Verteidiger stellt sich dem Angreifer in den Weg und versucht, den Ball abzublocken. Er schaut dabei nur auf den Ball.

Technik-Tipps und Taktik

Wenn ein Spieler mit dem Ball läuft, nennt man das „Dribbling". Dabei ist es wichtig, den Ball möglichst nah am Fuß zu führen. Sonst ist es für den Gegner sehr leicht, den Ball zu bekommen. Versucht ein Spieler seinen Gegner vom Ball zu trennen, spricht man von „Tackling".

Eine der häufigsten Spieltaktiken ist das 4-4-2-System. Hier ist die Abwehr besonders stark vertreten. Es gibt 4 Spieler in der Abwehr, 4 Mittelfeldspieler und nur 2 Stürmer.

Beim 3-5-2- Spielsystem gibt es besonders viele Mittelfeldspieler. Es spielen 3 Abwehrspieler, 5 Mittelfeldspieler und 2 Stürmer.

Das Wort kommt aus dem Englischen und bedeutet „angreifen“. Ausgesprochen wird es „Täckling“.

Die Taktik

Der Trainer legt vor jedem Spiel die Mannschaftstaktik fest. Das ist wichtig, damit alle Spieler ihre Aufgaben kennen.
Beispiele für zwei übliche Aufstellungen sind das 4-4-2-System und das 3-5-2-System.

Einen Ball mit dem Kopf anzunehmen erfordert viel Übung, denn man sollte ihn mit der Stirnmitte treffen.

Ein toller Trick ist der Fallrückzieher. Er ist ideal, wenn ein Spieler mit dem Rücken zum Tor steht.

Auf dem Fußballplatz

Alle Markierungen auf dem Spielfeld haben eine besondere Bedeutung. Jeder Spieler sollte sie kennen. Das Fußballtor ist 7,32 Meter breit und 2,44 Meter hoch. Es muss im Boden fest

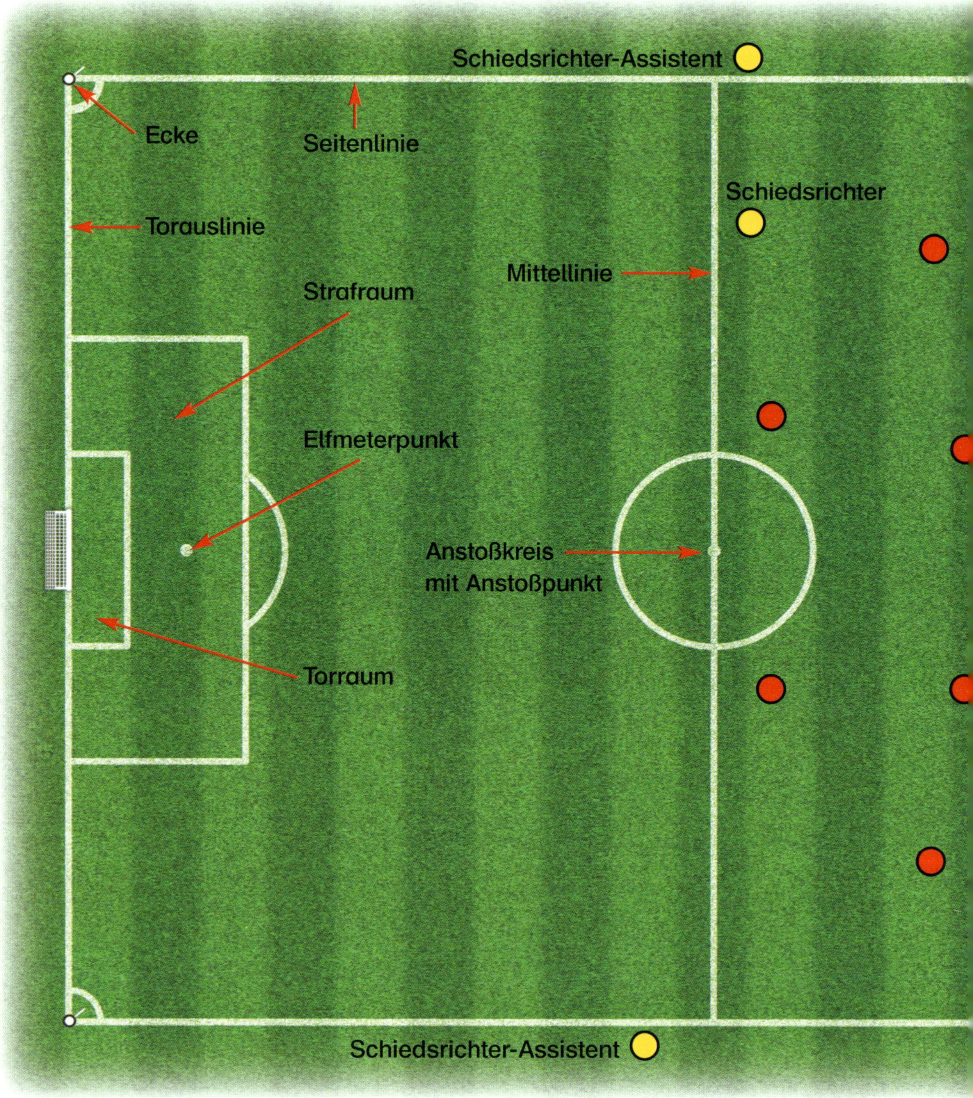

verankert sein und ein Netz haben. Bis zur D-Jugend ist das Fußballtor kleiner, nämlich 5 Meter breit und 2 Meter hoch.
Der Schiedsrichter prüft vor Spielbeginn, ob alles auf dem Platz in Ordnung ist.
Erst dann pfeift er das Spiel an.

Die Stoppuhr des Schiedsrichters läuft während der gesamten Spielzeit.

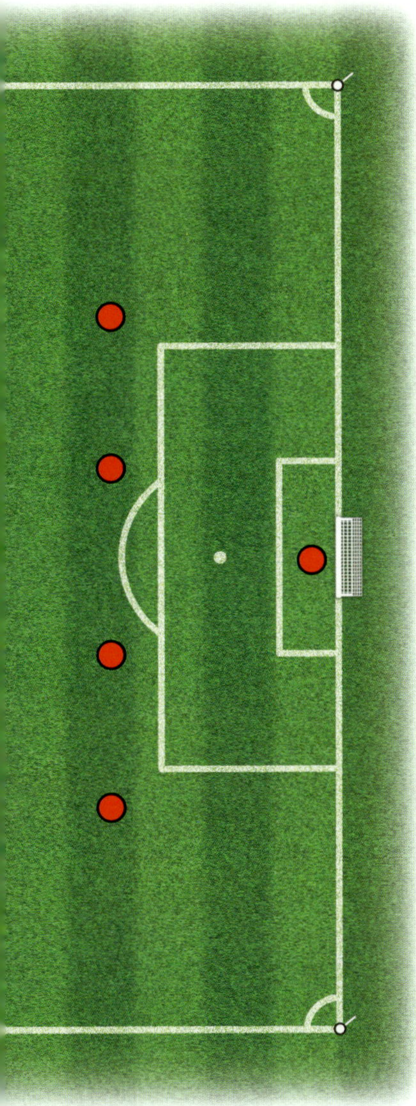

Das Spiel geht los!

Jedes Fußballspiel hat zwei Halbzeiten. Bei Erwachsenen sind es zweimal 45 Minuten. Dazwischen ist Halbzeitpause. Kinder spielen je nach Alter zweimal zwischen 20 und 45 Minuten.

Ein Fußballfeld ist zwischen 90 und 120 Meter lang und zwischen 45 und 90 Meter breit. Diese Maße gelten auf der ganzen Welt. Bei der G- bis D-Jugend wird auf einem kleineren Spielfeld gespielt. Das Feld der G-Jugend zum Beispiel ist 35 Meter lang und 32 Meter breit.

„Calcio storico“ wird dieses historische Fußballspiel in Florenz genannt. Die Spieler tragen Kostüme im damaligen Stil.

Fußball früher

Größe und Aussehen des Fußballs haben sich im Laufe der Zeit sehr verändert.

Hättest du das gedacht? In China wurde schon im 2. Jahrtausend vor Christus Fußball gespielt. Der Ball war eine mit Haaren und Federn gefüllte Lederkugel. Später gab es erste Bälle aus Lederstreifen. Bekannt war Fußball auch bei den alten Griechen und Römern.

Ein hartes Spiel

Ab dem Mittelalter wurde Fußball noch beliebter. Es gab keine Regeln, deshalb ging es oft ziemlich ruppig zu. Zwischendurch wurde Fußball in England sogar verboten! Seit 1460 bis heute findet jedes Jahr in Florenz ein Fußballspiel statt.

Trikot um 1880:
Schienbeinschoner trug man über den Stutzen.

Trikot um 1950:
Die Hemden hatten lange Ärmel.

Modernes Trikot:
Der spezielle Stoff trocknet schnell.

Fußball heute

Der moderne Fußball kommt aus England. 1863 wurde dort der erste Fußballverband gegründet, die Football Association. Sie legte die ersten Fußballregeln fest. In dieser Zeit entstanden auf der ganzen Welt Fußballvereine. Manchmal erkennt man am Namen, wie alt ein Verein ist: So gibt es den TSV 1860 München seit 1860.

Schuhe um 1900:
Die schweren Stiefel hatten glatte Sohlen.

Schuhe um 1950:
Sie hatten Stollen und waren leichter.

Moderne Schuhe:
Sie sind aus feinem, biegsamem Material.

Nationaler Profifußball

Der Traum eines jeden Spielers: die Meisterschale in Händen zu halten!

Es gibt zwei wichtige deutsche Wettbewerbe: die Deutsche Meisterschaft und den Pokal des Deutschen Fußball-Bundes (DFB).

Die Deutsche Meisterschaft

Seit 1963 kämpfen jedes Jahr 18 Vereine in der 1. Bundesliga um diesen Titel. Jeder spielt gegen jeden, es gibt eine Hin- und Rückrunde. Die Siegermannschaft bekommt die Meisterschale. Diese wird auch „Salatschüssel“ genannt. Die drei schlechtesten Teams steigen in die 2. Bundesliga ab.

Die Fans feiern mit ihrer Mannschaft: Sie ist Deutscher Meister geworden!

Das Maskottchen Emma von Borussia Dortmund und Fritzle vom VfB Stuttgart: Jeder Verein hat sein Maskottchen, das Glück bringen soll.

Der DFB-Pokal

Viele Mannschaften nehmen daran teil, nicht nur die aus der 1. Bundesliga. Deshalb gilt das K.-o.-System: Wer einmal verloren hat, scheidet aus!

Immer wichtiger wird der Frauenfußball in Deutschland: Seit 1981 wird um den Frauen-DFB-Pokal gespielt, seit 1974 um die Deutsche Meisterschaft. Eine Frauen-Bundesliga gibt es seit 1991.

Pokalsieger nennt man die Mannschaft, die den DFB-Pokal gewonnen hat.

1. Bundesliga

Platz	Verein	Spiele	S	U	N	Tore	Punkte
1 •	FC Bayern München	4	4	0	0	13:3	12
2 •	Werder Bremen	4	3	1	0	13:4	10
3 •	Hamburger SV	4	3	1	0	9:2	10
4 •	FC Schalke 04	4	2	2	0	6:4	8
5 ↑	Hertha BSC Berlin	4	2	1	1	7:5	7

Für die 1. und 2. Bundesliga gibt es je eine Tabelle mit allen 18 Mannschaften. Hier werden alle Tore und Punkte festgehalten. Für einen Sieg gibt es 3 Punkte, für ein Unentschieden 1 Punkt und für eine Niederlage 0 Punkte.

Internationale Wettbewerbe

Jedes Land hat eine Nationalmannschaft mit den besten Fußballspielern aus verschiedenen Vereinen. Diese Mannschaft vertritt ihr Land bei internationalen Wettbewerben. Das sind die Fußballweltmeisterschaft, (WM, seit 1930) und die Europameisterschaft (EM, seit 1960). Sie finden abwechselnd alle zwei Jahre in einem anderen Land statt.
1984 gab es in Deutschland die erste Fußball-EM für Frauen, 1991 die erste WM.

Die nächsten Wettbewerbe
2006 wird die WM in Deutschland ausgetragen. Die nächste EM findet 2008 in Österreich und der Schweiz statt.

Auch im Frauenfußball gibt es Weltmeisterschaften und andere große Wettbewerbe.

Wer den Pokal der Champions League gewinnt, ist der Meister aller Meister. Danach wird fröhlich gefeiert!

Vereine und internationale Wettbewerbe

Bei der Champions League kämpfen 72 Vereine um die Teilnahme, aber nur 32 schaffen es. In Deutschland dürfen der Deutsche Meister und der Vizemeister (2. Platz) immer mit dabei sein.
Ein weiterer wichtiger Wettbewerb ist der UEFA-Cup. UEFA ist die Abkürzung für „Union Européenne de Football Association“, das bedeutet übersetzt: Europäischer Fußballverband.
Der Sieger dieses Wettbewerbs bekommt den 15 Kilogramm schweren UEFA-Pokal.
Im Frauenfußball gibt es den UEFA-Women's-Cup zu gewinnen.

Leserätsel

Weißt du noch alles über Fußball? Wenn du die richtigen Antwortbuchstaben in die Kästchen auf Seite 31 eingesetzt hast, bekommst du ein Lösungswort.

1. Was muss ein Spieler machen, wenn er eine rote Karte bekommt?

A Er muss eine Runde Mineralwasser ausgeben.
M Er muss das Spielfeld verlassen.
T Er muss ein Tor schießen.

2. Seit wann gibt es die Fußball-WM für Frauen?

S 1980
E 1967
A 1991

3. Was bedeutet „Tackling"?

N Eine Technik, wie dem Gegner der Ball abgenommen werden kann
D Die Feier nach einem gewonnenen Spiel
I Eine Stopptechnik

4. Was heißt „DFB"?

L Düsseldorfer Fan-Bund
R Die fünf Besten
N Deutscher Fußball-Bund

5. Wie nennt man einen Strafstoß noch?

A Eckball
S Elfmeter
E Anstoß

6. Seit wann wird Fußball gespielt?

C Seit dem 2. Jahrtausend vor Christus

H Seit 1874

O Seit 1562

7. Wer darf den Ball im Strafraum mit der Hand berühren?

S Der Mittelfeldspieler

H Der Torwart

P Der Stürmer

8. Was ist ein Volleyschuss?

E Ein kurzer Schuss mit dem Innenrist

B Ein langer Pass mit dem Innenspann

A Die direkte Abnahme des Balls aus der Luft

9. Wo erfolgt der Anstoß?

F An einem markierten Punkt im Mittelkreis

D Vom Elfmeterpunkt

G Von der Torauslinie

10. Wie wird der Spielführer noch genannt?

E Leitwolf

T Kapitän

N Regisseur

Lösungswort:

M	A	N	N	S	~~N~~ C	H	A	F	T

Schicke uns eine Karte mit dem richtigen Lösungswort oder eine E-Mail.
Wir verlosen jeden Monat 10 Buchpakete unter den Einsendern!
Die Adresse findest du auf Seite 32.

Register

Adresse
Ravensburger Buchverlag
Die Welt entdecken
Postfach 20 07
88190 Ravensburg

Per E-Mail:
leseraetsel@welt-entdecken.de

Besucht unsere Website:
www.welt-entdecken.de

Bibliografische Information
der Deutschen Bibliothek

Die Deutsche Bibliothek verzeichnet diese Publikation in der Deutschen Nationalbibliografie; detaillierte bibliografische Angaben sind im Internet über **http//dnb.ddb.de** abrufbar.

3 2 1 08 07 06

Wir danken dem Verlag Friedrich Oetinger GmbH für die freundliche Abdruckerlaubnis des Gedichtes „Der Ball“ aus: Irmela Brender – War mal ein Lama in Alabama,
© Verlag Friedrich Oetinger GmbH, Hamburg
© Editions Gallimard Jeunesse for the concept
Texte: Martina Gorgas
Cover: Joachim Krause
Illustrationen: Thomas Ganter, Raphael Volery
Redaktion: Karin Baege
Printed in Germany
ISBN 3-473-35993-9

www.ravensburger.de